中华人民共和国
检察官法

附新旧条文对照

中国民主法制出版社

图书在版编目（CIP）数据

中华人民共和国检察官法：附新旧条文对照／《中华人民共和国检察官法：附新旧条文对照》编写组编．—北京：中国民主法制出版社，2019.5

ISBN 978-7-5162-1999-7

Ⅰ.①中… Ⅱ.①中… Ⅲ.①检察官法—中国 Ⅳ.①D926.3

中国版本图书馆 CIP 数据核字（2019）第 067681 号

书名／中华人民共和国检察官法 附新旧条文对照

出版·发行／中国民主法制出版社
地址／北京市丰台区玉林里 7 号（100069）
电话／63055259（总编室） 63057714（发行部）
传真／63056975 63056983
http://www.npcpub.com
E-mail:mzfz@npcpub.com
经销／新华书店
开本／32 开 850 毫米×1168 毫米
印张／1.5 **字数**／39 千字
版本／2019 年 5 月第 1 版 2019 年 5 月第 1 次印刷
印刷／北京天宇万达印刷有限公司

书号／ISBN 978-7-5162-1999-7
定价／8.00 元

目　　录

中华人民共和国主席令

第二十八号

《中华人民共和国检察官法》已由中华人民共和国第十三届全国人民代表大会常务委员会第十次会议于 2019 年 4 月 23 日修订通过，现将修订后的《中华人民共和国检察官法》公布，自 2019 年 10 月 1 日起施行。

中华人民共和国主席　习近平

2019 年 4 月 23 日

中华人民共和国检察官法

（1995年2月28日第八届全国人民代表大会常务委员会第十二次会议通过　根据2001年6月30日第九届全国人民代表大会常务委员会第二十二次会议《关于修改〈中华人民共和国检察官法〉的决定》第一次修正　根据2017年9月1日第十二届全国人民代表大会常务委员会第二十九次会议《关于修改〈中华人民共和国法官法〉等八部法律的决定》第二次修正　2019年4月23日第十三届全国人民代表大会常务委员会第十次会议修订）

目　　录

第一章　总　　则

第一条　为了全面推进高素质检察官队伍建设，加强对检察官的管理和监督，维护检察官合法权益，保障人民检察院依法独立行使检察权，保障检察官依法履行职责，保障司法公正，根据宪法，制定本法。

第二条　检察官是依法行使国家检察权的检察人员，包括最高人民检察院、地方各级人民检察院和军事检察院等专门人民检察院的检察长、副检察长、检察委员会委员和检察员。

第三条　检察官必须忠实执行宪法和法律，维护社会公平正义，全心全意为人民服务。

第四条　检察官应当勤勉尽责，清正廉明，恪守职业道德。

第五条　检察官履行职责，应当以事实为根据，以法律为准绳，秉持客观公正的立场。

检察官办理刑事案件，应当严格坚持罪刑法定原则，尊重和保障人权，既要追诉犯罪，也要保障无罪的人不受刑事追究。

第六条 检察官依法履行职责，受法律保护，不受行政机关、社会团体和个人的干涉。

第二章 检察官的职责、义务和权利

第七条 检察官的职责：

（一）对法律规定由人民检察院直接受理的刑事案件进行侦查；

（二）对刑事案件进行审查逮捕、审查起诉，代表国家进行公诉；

（三）开展公益诉讼工作；

（四）开展对刑事、民事、行政诉讼活动的监督工作；

（五）法律规定的其他职责。

检察官对其职权范围内就案件作出的决定负责。

第八条 人民检察院检察长、副检察长、检察委员会委员除履行检察职责外，还应当履行与其职务相适应的职责。

第九条 检察官在检察长领导下开展工作，重大办案事项由检察长决定。检察长可以将部分职权委托检察官行使，可以授权检察官签发法律文书。

第十条 检察官应当履行下列义务：

（一）严格遵守宪法和法律；

（二）秉公办案，不得徇私枉法；

（三）依法保障当事人和其他诉讼参与人的诉讼权利；

（四）维护国家利益、社会公共利益，维护个人和组织的合法权益；

（五）保守国家秘密和检察工作秘密，对履行职责中知悉的商业秘密和个人隐私予以保密；

（六）依法接受法律监督和人民群众监督；

（七）通过依法办理案件以案释法，增强全民法治观念，推进法治社会建设；

（八）法律规定的其他义务。

第十一条 检察官享有下列权利：

（一）履行检察官职责应当具有的职权和工作条件；

（二）非因法定事由、非经法定程序，不被调离、免职、降职、辞退或者处分；

（三）履行检察官职责应当享有的职业保障和福利待遇；

（四）人身、财产和住所安全受法律保护；

（五）提出申诉或者控告；

（六）法律规定的其他权利。

第三章　检察官的条件和遴选

第十二条　担任检察官必须具备下列条件：

（一）具有中华人民共和国国籍；

（二）拥护中华人民共和国宪法，拥护中国共产党领导和社会主义制度；

（三）具有良好的政治、业务素质和道德品行；

（四）具有正常履行职责的身体条件；

（五）具备普通高等学校法学类本科学历并获得学士及以上学位；或者普通高等学校非法学类本科及以上学历并获得法律硕士、法学硕士及以上学位；或者普通高等学校非法学类本科及以上学历，获得其他相应学位，并具有法律专业知识；

（六）从事法律工作满五年。其中获得法律硕士、法学硕士学位，或者获得法学博士学位的，从事法律工作的年限可以分别放宽至四年、三年；

（七）初任检察官应当通过国家统一法律职业资格考试取得法律职业资格。

适用前款第五项规定的学历条件确有困难的地方，经最高人民检察院审核确定，在一定期限内，可以将担任检察官的学历条件放宽为高等学校本科毕业。

第十三条　下列人员不得担任检察官：

（一）因犯罪受过刑事处罚的；

（二）被开除公职的；

（三）被吊销律师、公证员执业证书或者被仲裁委员会除名的；

（四）有法律规定的其他情形的。

第十四条 初任检察官采用考试、考核的办法，按照德才兼备的标准，从具备检察官条件的人员中择优提出人选。

人民检察院的检察长应当具有法学专业知识和法律职业经历。副检察长、检察委员会委员应当从检察官、法官或者其他具备检察官条件的人员中产生。

第十五条 人民检察院可以根据检察工作需要，从律师或者法学教学、研究人员等从事法律职业的人员中公开选拔检察官。

除应当具备检察官任职条件外，参加公开选拔的律师应当实际执业不少于五年，执业经验丰富，从业声誉良好，参加公开选拔的法学教学、研究人员应当具有中级以上职称，从事教学、研究工作五年以上，有突出研究能力和相应研究成果。

第十六条 省、自治区、直辖市设立检察官遴选委员会，负责初任检察官人选专业能力的审核。

省级检察官遴选委员会的组成人员应当包括地方各级人民检察院检察官代表、其他从事法律职业的人员和有关方面代表，其中检察官代表不少于三分之一。

省级检察官遴选委员会的日常工作由省级人民检察

院的内设职能部门承担。

遴选最高人民检察院检察官应当设立最高人民检察院检察官遴选委员会，负责检察官人选专业能力的审核。

第十七条 初任检察官一般到基层人民检察院任职。上级人民检察院检察官一般逐级遴选；最高人民检察院和省级人民检察院检察官可以从下两级人民检察院遴选。参加上级人民检察院遴选的检察官应当在下级人民检察院担任检察官一定年限，并具有遴选职位相关工作经历。

第四章 检察官的任免

第十八条 检察官的任免，依照宪法和法律规定的任免权限和程序办理。

最高人民检察院检察长由全国人民代表大会选举和罢免，副检察长、检察委员会委员和检察员，由检察长提请全国人民代表大会常务委员会任免。

地方各级人民检察院检察长由本级人民代表大会选举和罢免，副检察长、检察委员会委员和检察员，由检察长提请本级人民代表大会常务委员会任免。

地方各级人民检察院检察长的任免，须报上一级人民检察院检察长提请本级人民代表大会常务委员会批准。

省、自治区、直辖市人民检察院分院检察长、副检察长、检察委员会委员和检察员，由省、自治区、直辖市人民检察院检察长提请本级人民代表大会常务委员会任免。

省级人民检察院和设区的市级人民检察院依法设立作为派出机构的人民检察院的检察长、副检察长、检察委员会委员和检察员，由派出的人民检察院检察长提请本级人民代表大会常务委员会任免。

新疆生产建设兵团各级人民检察院、专门人民检察院的检察长、副检察长、检察委员会委员和检察员，依照全国人民代表大会常务委员会的有关规定任免。

第十九条 检察官在依照法定程序产生后，在就职时应当公开进行宪法宣誓。

第二十条 检察官有下列情形之一的，应当依法提请免除其检察官职务：

（一）丧失中华人民共和国国籍的；

（二）调出所任职人民检察院的；

（三）职务变动不需要保留检察官职务的，或者本人申请免除检察官职务经批准的；

（四）经考核不能胜任检察官职务的；

（五）因健康原因长期不能履行职务的；

（六）退休的；

（七）辞职或者依法应当予以辞退的；

（八）因违纪违法不宜继续任职的。

第二十一条　对于不具备本法规定条件或者违反法定程序被选举为人民检察院检察长的，上一级人民检察院检察长有权提请本级人民代表大会常务委员会不批准。

第二十二条　发现违反本法规定的条件任命检察官的，任命机关应当撤销该项任命；上级人民检察院发现下级人民检察院检察官的任命违反本法规定的条件的，应当要求下级人民检察院依法提请任命机关撤销该项任命。

第二十三条　检察官不得兼任人民代表大会常务委员会的组成人员，不得兼任行政机关、监察机关、审判机关的职务，不得兼任企业或者其他营利性组织、事业单位的职务，不得兼任律师、仲裁员和公证员。

第二十四条　检察官之间有夫妻关系、直系血亲关系、三代以内旁系血亲以及近姻亲关系的，不得同时担任下列职务：

（一）同一人民检察院的检察长、副检察长、检察委员会委员；

（二）同一人民检察院的检察长、副检察长和检察员；

（三）同一业务部门的检察员；

（四）上下相邻两级人民检察院的检察长、副检察长。

第二十五条　检察官的配偶、父母、子女有下列情形之一的，检察官应当实行任职回避：

（一）担任该检察官所任职人民检察院辖区内律师事务所的合伙人或者设立人的；

（二）在该检察官所任职人民检察院辖区内以律师身份担任诉讼代理人、辩护人，或者为诉讼案件当事人提供其他有偿法律服务的。

第五章　检察官的管理

第二十六条　检察官实行员额制管理。检察官员额根据案件数量、经济社会发展情况、人口数量和人民检察院层级等因素确定，在省、自治区、直辖市内实行总量控制、动态管理，优先考虑基层人民检察院和案件数量多的人民检察院办案需要。

检察官员额出现空缺的，应当按照程序及时补充。

最高人民检察院检察官员额由最高人民检察院商有关部门确定。

第二十七条　检察官实行单独职务序列管理。

检察官等级分为十二级，依次为首席大检察官、一级大检察官、二级大检察官、一级高级检察官、二级高级检察官、三级高级检察官、四级高级检察官、一级检察官、二级检察官、三级检察官、四级检察官、五级检察官。

第二十八条　最高人民检察院检察长为首席大检

察官。

第二十九条 检察官等级的确定，以检察官德才表现、业务水平、检察工作实绩和工作年限等为依据。

检察官等级晋升采取按期晋升和择优选升相结合的方式，特别优秀或者工作特殊需要的一线办案岗位检察官可以特别选升。

第三十条 检察官的等级设置、确定和晋升的具体办法，由国家另行规定。

第三十一条 初任检察官实行统一职前培训制度。

第三十二条 对检察官应当有计划地进行政治、理论和业务培训。

检察官的培训应当理论联系实际、按需施教、讲求实效。

第三十三条 检察官培训情况，作为检察官任职、等级晋升的依据之一。

第三十四条 检察官培训机构按照有关规定承担培训检察官的任务。

第三十五条 检察官申请辞职，应当由本人书面提出，经批准后，依照法律规定的程序免除其职务。

第三十六条 辞退检察官应当依照法律规定的程序免除其职务。

辞退检察官应当按照管理权限决定。辞退决定应当以书面形式通知被辞退的检察官，并列明作出决定的理由和依据。

第三十七条 检察官从人民检察院离任后两年内，不得以律师身份担任诉讼代理人或者辩护人。

检察官从人民检察院离任后，不得担任原任职检察院办理案件的诉讼代理人或者辩护人，但是作为当事人的监护人或者近亲属代理诉讼或者进行辩护的除外。

检察官被开除后，不得担任诉讼代理人或者辩护人，但是作为当事人的监护人或者近亲属代理诉讼或者进行辩护的除外。

第三十八条 检察官因工作需要，经单位选派或者批准，可以在高等学校、科研院所协助开展实践性教学、研究工作，并遵守国家有关规定。

第六章 检察官的考核、奖励和惩戒

第三十九条 人民检察院设立检察官考评委员会，负责对本院检察官的考核工作。

第四十条 检察官考评委员会的组成人员为五至九人。

检察官考评委员会主任由本院检察长担任。

第四十一条 对检察官的考核，应当全面、客观、公正，实行平时考核和年度考核相结合。

第四十二条 对检察官的考核内容包括：检察工作实绩、职业道德、专业水平、工作能力、工作作风。重点考核检察工作实绩。

第四十三条 年度考核结果分为优秀、称职、基本称职和不称职四个等次。

考核结果作为调整检察官等级、工资以及检察官奖惩、免职、降职、辞退的依据。

第四十四条 考核结果以书面形式通知检察官本人。检察官对考核结果如果有异议，可以申请复核。

第四十五条 检察官在检察工作中有显著成绩和贡献的，或者有其他突出事迹的，应当给予奖励。

第四十六条 检察官有下列表现之一的，应当给予奖励：

（一）公正司法，成绩显著的；

（二）总结检察实践经验成果突出，对检察工作有指导作用的；

（三）在办理重大案件、处理突发事件和承担专项重要工作中，做出显著成绩和贡献的；

（四）对检察工作提出改革建议被采纳，效果显著的；

（五）提出检察建议被采纳或者开展法治宣传、解决各类纠纷，效果显著的；

（六）有其他功绩的。

检察官的奖励按照有关规定办理。

第四十七条 检察官有下列行为之一的，应当给予处分；构成犯罪的，依法追究刑事责任：

（一）贪污受贿、徇私枉法、刑讯逼供的；

（二）隐瞒、伪造、变造、故意损毁证据、案件材料的；

（三）泄露国家秘密、检察工作秘密、商业秘密或者个人隐私的；

（四）故意违反法律法规办理案件的；

（五）因重大过失导致案件错误并造成严重后果的；

（六）拖延办案，贻误工作的；

（七）利用职权为自己或者他人谋取私利的；

（八）接受当事人及其代理人利益输送，或者违反有关规定会见当事人及其代理人的；

（九）违反有关规定从事或者参与营利性活动，在企业或者其他营利性组织中兼任职务的；

（十）有其他违纪违法行为的。

检察官的处分按照有关规定办理。

第四十八条 检察官涉嫌违纪违法，已经被立案调查、侦查，不宜继续履行职责的，按照管理权限和规定的程序暂时停止其履行职务。

第四十九条 最高人民检察院和省、自治区、直辖市设立检察官惩戒委员会，负责从专业角度审查认定检察官是否存在本法第四十七条第四项、第五项规定的违反检察职责的行为，提出构成故意违反职责、存在重大过失、存在一般过失或者没有违反职责等审查意见。检察官惩戒委员会提出审查意见后，人民检察院依照有关规定作出是否予以惩戒的决定，并给予相应处理。

检察官惩戒委员会由检察官代表、其他从事法律职业的人员和有关方面代表组成，其中检察官代表不少于半数。

最高人民检察院检察官惩戒委员会、省级检察官惩戒委员会的日常工作，由相关人民检察院的内设职能部门承担。

第五十条 检察官惩戒委员会审议惩戒事项时，当事检察官有权申请有关人员回避，有权进行陈述、举证、辩解。

第五十一条 检察官惩戒委员会作出的审查意见应当送达当事检察官。当事检察官对审查意见有异议的，可以向惩戒委员会提出，惩戒委员会应当对异议及其理由进行审查，作出决定。

第五十二条 检察官惩戒委员会审议惩戒事项的具体程序，由最高人民检察院商有关部门确定。

第七章 检察官的职业保障

第五十三条 人民检察院设立检察官权益保障委员会，维护检察官合法权益，保障检察官依法履行职责。

第五十四条 除下列情形外，不得将检察官调离检察业务岗位：

（一）按规定需要任职回避的；

（二）按规定实行任职交流的；

（三）因机构调整、撤销、合并或者缩减编制员额需要调整工作的；

（四）因违纪违法不适合在检察业务岗位工作的；

（五）法律规定的其他情形。

第五十五条 任何单位或者个人不得要求检察官从事超出法定职责范围的事务。

对任何干涉检察官办理案件的行为，检察官有权拒绝并予以全面如实记录和报告；有违纪违法情形的，由有关机关根据情节轻重追究有关责任人员、行为人的责任。

第五十六条 检察官的职业尊严和人身安全受法律保护。

任何单位和个人不得对检察官及其近亲属打击报复。

对检察官及其近亲属实施报复陷害、侮辱诽谤、暴力侵害、威胁恐吓、滋事骚扰等违法犯罪行为的，应当依法从严惩治。

第五十七条 检察官因依法履行职责遭受不实举报、诬告陷害、侮辱诽谤，致使名誉受到损害的，人民检察院应当会同有关部门及时澄清事实，消除不良影响，并依法追究相关单位或者个人的责任。

第五十八条 检察官因依法履行职责，本人及其近亲属人身安全面临危险的，人民检察院、公安机关应当对检察官及其近亲属采取人身保护、禁止特定人员接触等必要保护措施。

第五十九条 检察官实行与其职责相适应的工资制度，按照检察官等级享有国家规定的工资待遇，并建立与公务员工资同步调整机制。

检察官的工资制度，根据检察工作特点，由国家另行规定。

第六十条 检察官实行定期增资制度。

经年度考核确定为优秀、称职的，可以按照规定晋升工资档次。

第六十一条 检察官享受国家规定的津贴、补贴、奖金、保险和福利待遇。

第六十二条 检察官因公致残的，享受国家规定的伤残待遇。检察官因公牺牲、因公死亡或者病故的，其亲属享受国家规定的抚恤和优待。

第六十三条 检察官的退休制度，根据检察工作特点，由国家另行规定。

第六十四条 检察官退休后，享受国家规定的养老金和其他待遇。

第六十五条 对于国家机关及其工作人员侵犯本法第十一条规定的检察官权利的行为，检察官有权提出控告。

第六十六条 对检察官处分或者人事处理错误的，应当及时予以纠正；造成名誉损害的，应当恢复名誉、消除影响、赔礼道歉；造成经济损失的，应当赔偿。对打击报复的直接责任人员，应当依法追究其责任。

第八章　附　　则

第六十七条　国家对初任检察官实行统一法律职业资格考试制度，由国务院司法行政部门商最高人民检察院等有关部门组织实施。

第六十八条　人民检察院的检察官助理在检察官指导下负责审查案件材料、草拟法律文书等检察辅助事务。

人民检察院应当加强检察官助理队伍建设，为检察官遴选储备人才。

第六十九条　有关检察官的权利、义务和管理制度，本法已有规定的，适用本法的规定；本法未作规定的，适用公务员管理的相关法律法规。

第七十条　本法自 2019 年 10 月 1 日起施行。

《中华人民共和国检察官法》修订前后对照表

（条文中黑体字为新增加或者修改后的内容）

修订前 （共17章56条）	修订后 （共8章70条）
第一章　总　　则	第一章　总　　则
第一条　为了提高检察官的素质，加强对检察官的管理，保障人民检察院实施法律监督，依法独立行使检察权，保障检察官依法履行职责，保障司法公正，根据宪法，制定本法。	**第一条**　为了**全面推进高素质检察官队伍建设**，加强对检察官的管理**和监督**，**维护检察官合法权益**，保障人民检察院依法独立行使检察权，保障检察官依法履行职责，保障司法公正，根据宪法，制定本法。
第二条　检察官是依法行使国家检察权的检察人员，包括最高人民检察院、地方各级人民检察院和军事检察院等专门人民检察院的检察长、副检察长、检察委员会委员、检察员和助理检察员。	**第二条**　检察官是依法行使国家检察权的检察人员，包括最高人民检察院、地方各级人民检察院和军事检察院等专门人民检察院的检察长、副检察长、检察委员会委员和检察员。

第三条　检察官必须忠实执行宪法和法律，全心全意为人民服务。	第三条　检察官必须忠实执行宪法和法律，维护社会公平正义，全心全意为人民服务。
	第四条　检察官应当勤勉尽责，清正廉明，恪守职业道德。
	第五条　检察官履行职责，应当以事实为根据，以法律为准绳，秉持客观公正的立场。 检察官办理刑事案件，应当严格坚持罪刑法定原则，尊重和保障人权，既要追诉犯罪，也要保障无罪的人不受刑事追究。
第四条　检察官依法履行职责，受法律保护。	第六条　检察官依法履行职责，受法律保护，不受行政机关、社会团体和个人的干涉。
第二章　职　　责	第二章　检察官的职责、义务和权利
第六条　检察官的职责： （一）依法进行法律监督工作； （二）代表国家进行公诉； （三）对法律规定由人民检察院直接受理的犯罪案件进行侦查； （四）法律规定的其他职责。	第七条　检察官的职责： （一）对法律规定由人民检察院直接受理的刑事案件进行侦查； （二）对刑事案件进行审查逮捕、审查起诉，代表国家进行公诉； （三）开展公益诉讼工作； （四）开展对刑事、民事、行政诉讼活动的监督工作； （五）法律规定的其他职责。 检察官对其职权范围内就案件作出的决定负责。

第七条 检察长、副检察长、检察委员会委员除履行检察职责外，还应当履行与其职务相适应的职责。	**第八条** **人民检察院**检察长、副检察长、检察委员会委员除履行检察职责外，还应当履行与其职务相适应的职责。
	第九条　检察官在检察长领导下开展工作，重大办案事项由检察长决定。检察长可以将部分职权委托检察官行使，可以授权检察官签发法律文书。
第八条 检察官应当履行下列义务： （一）严格遵守宪法和法律； （二）履行职责必须以事实为根据，以法律为准绳，秉公执法，不得徇私枉法； （三）维护国家利益、公共利益，维护自然人、法人和其他组织的合法权益； （四）清正廉明，忠于职守，遵守纪律，恪守职业道德； （五）保守国家秘密和检察工作秘密； （六）接受法律监督和人民群众监督。	**第十条** 检察官应当履行下列义务： （一）严格遵守宪法和法律； （二）秉公办案，不得徇私枉法； （三）**依法保障当事人和其他诉讼参与人的诉讼权利；** （四）维护国家利益、**社会**公共利益，维护**个人**和组织的合法权益； （五）保守国家秘密和检察工作秘密，**对履行职责中知悉的商业秘密和个人隐私予以保密；** （六）**依法**接受法律监督和人民群众监督； **（七）通过依法办理案件以案释法，增强全民法治观念，推进法治社会建设；** **（八）法律规定的其他义务。**

第九条　检察官享有下列权利： （一）履行检察官职责应当具有的职权和工作条件； （二）依法履行检察职责不受行政机关、社会团体和个人的干涉； （三）非因法定事由、非经法定程序，不被免职、降职、辞退或者处分； （四）获得劳动报酬，享受保险、福利待遇； （五）人身、财产和住所安全受法律保护； （六）参加培训； （七）提出申诉或者控告； （八）辞职。	**第十一条**　检察官享有下列权利： （一）履行检察官职责应当具有的职权和工作条件； （二）非因法定事由、非经法定程序，不被**调离**、免职、降职、辞退或者处分； （三）**履行检察官职责应当享有的职业保障**和福利待遇； （四）人身、财产和住所安全受法律保护； （五）提出申诉或者控告； （六）**法律规定的其他权利**。
第四章　检察官的条件	**第三章　检察官的条件和遴选**
第十条　担任检察官必须具备下列条件： （一）具有中华人民共和国国籍； （二）年满二十三岁； （三）拥护中华人民共和国宪法； （四）有良好的政治、业务素质和良好的品行； （五）身体健康； （六）高等院校法律专业本科毕业或者高等院校非法律专业本	**第十二条**　担任检察官必须具备下列条件： （一）具有中华人民共和国国籍； （二）拥护中华人民共和国宪法，**拥护中国共产党领导和社会主义制度**； （三）具有良好的政治、业务素质和**道德**品行； （四）**具有正常履行职责的身体条件**； （五）**具备普通高等学校法学**

科毕业具有法律专业知识，从事法律工作满二年，其中担任省、自治区、直辖市人民检察院、最高人民检察院检察官，应当从事法律工作满三年；获得法律专业硕士学位、博士学位或者非法律专业硕士学位、博士学位具有法律专业知识，从事法律工作满一年，其中担任省、自治区、直辖市人民检察院、最高人民检察院检察官，应当从事法律工作满二年。 本法施行前的检察人员不具备前款第六项规定的条件的，应当接受培训，具体办法由最高人民检察院制定。 适用第一款第六项规定的学历条件确有困难的地方，经最高人民检察院审核确定，在一定期限内，可以将担任检察官的学历条件放宽为高等院校法律专业专科毕业。	**类本科学历并获得学士及以上学位；或者普通高等学校非法学类本科及以上学历并获得法律硕士、法学硕士及以上学位；或者普通**高等**学校**非法**学类**本科**及以上学历，获得其他相应学位，并具有**法律专业知识； （六）从事法律工作满五年。其中获得法律硕士、**法学硕士**学位，**或者获得法学**博士学位**的**，从事法律工作**的年限可以分别放宽至四年、三年；** **（七）初任检察官应当通过国家统一法律职业资格考试取得法律职业资格。** 适用**前款**第五项规定的学历条件确有困难的地方，经最高人民检察院审核确定，在一定期限内，可以将担任检察官的学历条件放宽为高等**学校本科**毕业。
第十一条　下列人员不得担任检察官： （一）曾因犯罪受过刑事处罚的； （二）曾被开除公职的。	**第十三条**　下列人员不得担任检察官： （一）因犯罪受过刑事处罚的； （二）被开除公职的； **（三）被吊销律师、公证员执业证书或者被仲裁委员会除名的；** **（四）有法律规定的其他情形的。**

第十三条 初任检察官采用考试、考核的办法，按照德才兼备的标准，从通过国家统一法律职业资格考试取得法律职业资格并且具备检察官条件的人员中择优提出人选。 人民检察院的检察长、副检察长应当从检察官或者其他具备检察官条件的人员中择优提出人选。	**第十四条** 初任检察官采用考试、考核的办法，按照德才兼备的标准，从具备检察官条件的人员中择优提出人选。 人民检察院的检察长**应当具有法学专业知识和法律职业经历。副检察长、检察委员会委员**应当从检察官、**法官**或者其他具备检察官条件的人员中**产生**。
	第十五条 人民检察院可以根据检察工作需要，从律师或者法学教学、研究人员等从事法律职业的人员中公开选拔检察官。 **除应当具备检察官任职条件外，参加公开选拔的律师应当实际执业不少于五年，执业经验丰富，从业声誉良好，参加公开选拔的法学教学、研究人员应当具有中级以上职称，从事教学、研究工作五年以上，有突出研究能力和相应研究成果。**
	第十六条 省、自治区、直辖市设立检察官遴选委员会，负责初任检察官人选专业能力的审核。 **省级检察官遴选委员会的组成人员应当包括地方各级人民检察院检察官代表、其他从事法律职业的人员和有关方面代表，其中检察官代表不少于三分之一。**

	省级检察官遴选委员会的日常工作由省级人民检察院的内设职能部门承担。 遴选最高人民检察院检察官应当设立最高人民检察院检察官遴选委员会，负责检察官人选专业能力的审核。
	第十七条　初任检察官一般到基层人民检察院任职。上级人民检察院检察官一般逐级遴选；最高人民检察院和省级人民检察院检察官可以从下两级人民检察院遴选。参加上级人民检察院遴选的检察官应当在下级人民检察院担任检察官一定年限，并具有遴选职位相关工作经历。
第五章　任　　免	第四章　检察官的任免
第十二条　检察官职务的任免，依照宪法和法律规定的任免权限和程序办理。 最高人民检察院检察长由全国人民代表大会选举和罢免，副检察长、检察委员会委员和检察员由最高人民检察院检察长提请全国人民代表大会常务委员会任免。 地方各级人民检察院检察长由地方各级人民代表大会选举和罢免，副检察长、检察委员会委员和检察员由本院检察长提请本级人民代表大会常务委员会任免。	第十八条　检察官的任免，依照宪法和法律规定的任免权限和程序办理。 最高人民检察院检察长由全国人民代表大会选举和罢免，副检察长、检察委员会委员和检察员，由检察长提请全国人民代表大会常务委员会任免。 地方各级人民检察院检察长由本级人民代表大会选举和罢免，副检察长、检察委员会委员和检察员，由检察长提请本级人民代表大会常务委员会任免。

地方各级人民检察院检察长的任免，须报上一级人民检察院检察长提请该级人民代表大会常务委员会批准。 在省、自治区内按地区设立的和在直辖市内设立的人民检察院分院检察长、副检察长、检察委员会委员和检察员由省、自治区、直辖市人民检察院检察长提请本级人民代表大会常务委员会任免。 人民检察院的助理检察员由本院检察长任免。 军事检察院等专门人民检察院检察长、副检察长、检察委员会委员和检察员的任免办法，由全国人民代表大会常务委员会另行规定。	地方各级人民检察院检察长的任免，须报上一级人民检察院检察长提请**本**级人民代表大会常务委员会批准。 省、自治区、直辖市人民检察院分院检察长、副检察长、检察委员会委员和检察员，由省、自治区、直辖市人民检察院检察长提请本级人民代表大会常务委员会任免。 **省级人民检察院和设区的市级人民检察院依法设立作为派出机构的人民检察院的检察长、副检察长、检察委员会委员和检察员，由派出的人民检察院检察长提请本级人民代表大会常务委员会任免。** **新疆生产建设兵团各级人民检察院**、专门人民检察院的检察长、副检察长、检察委员会委员和检察员，**依照**全国人民代表大会常务委员会**的有关**规定**任免**。
	第十九条　检察官在依照法定程序产生后，在就职时应当公开进行宪法宣誓。
第十四条　检察官有下列情形之一的，应当依法提请免除其职务： （一）丧失中华人民共和国国籍的；	**第二十条**　检察官有下列情形之一的，应当依法提请免除其**检察官**职务： （一）丧失中华人民共和国国籍的；

（二）调出本检察院的； （三）职务变动不需要保留原职务的； （四）经考核确定为不称职的； （五）因健康原因长期不能履行职务的； （六）退休的； （七）辞职或者被辞退的； （八）因违纪、违法犯罪不能继续任职的。	（二）调出**所任职人民**检察院的； （三）职务变动不需要保留检察官职务的，**或者本人申请免除检察官职务经批准的**； （四）经考核**不能胜任检察官职务**的； （五）因健康原因长期不能履行职务的； （六）退休的； （七）辞职或者**依法应当予以**辞退的； （八）因违纪违法不**宜**继续任职的。
第十五条　对于不具备本法规定条件或者违反法定程序被选举为人民检察院检察长的，上一级人民检察院检察长有权提请该级人民代表大会常务委员会不批准。	**第二十一条**　对于不具备本法规定条件或者违反法定程序被选举为人民检察院检察长的，上一级人民检察院检察长有权提请**本**级人民代表大会常务委员会不批准。
第十六条　对于违反本法规定的条件任命检察官的，一经发现，做出该项任命的机关应当撤销该项任命；上级人民检察院发现下级人民检察院检察官的任命有违反本法规定的条件的，应当责令下级人民检察院依法撤销该项任命，或者要求下级人民检察院依法提请同级人民代表大会常务委员会撤销该项任命。	**第二十二条**　**发现**违反本法规定的条件任命检察官的，任命机关应当撤销该项任命；上级人民检察院发现下级人民检察院检察官的任命违反本法规定的条件的，应当要求下级人民检察院依法提请**任命机关**撤销该项任命。

第十八条 检察官不得兼任人民代表大会常务委员会的组成人员，不得兼任行政机关、审判机关以及企业、事业单位的职务，不得兼任律师。	**第二十三条** 检察官不得兼任人民代表大会常务委员会的组成人员，不得兼任行政机关、**监察机关**、审判机关的职务，**不得兼任**企业**或者其他营利性组织**、事业单位的职务，不得兼任律师、**仲裁员和公证员**。
第十九条 检察官之间有夫妻关系、直系血亲关系、三代以内旁系血亲以及近姻亲关系的，不得同时担任下列职务： （一）同一人民检察院的检察长、副检察长、检察委员会委员； （二）同一人民检察院的检察长、副检察长和检察员、助理检察员； （三）同一业务部门的检察员、助理检察员； （四）上下相邻两级人民检察院的检察长、副检察长。	**第二十四条** 检察官之间有夫妻关系、直系血亲关系、三代以内旁系血亲以及近姻亲关系的，不得同时担任下列职务： （一）同一人民检察院的检察长、副检察长、检察委员会委员； （二）同一人民检察院的检察长、副检察长和检察员； （三）同一业务部门的检察员； （四）上下相邻两级人民检察院的检察长、副检察长。
第二十条第三款 检察官的配偶、子女不得担任该检察官所任职检察院办理案件的诉讼代理人或者辩护人。	**第二十五条** 检察官的配偶、**父母**、子女**有下列情形之一的，检察官应当实行**任职**回避**： **（一）担任该检察官所任职人民检察院辖区内律师事务所的合伙人或者设立人的；** **（二）在该检察官所任职人民**检察院**辖区内以律师身份担任**诉讼代理人、辩护人，**或者为诉讼案件当事人提供其他有偿法律服务的**。

	第五章　检察官的管理
	第二十六条　检察官实行员额制管理。检察官员额根据案件数量、经济社会发展情况、人口数量和人民检察院层级等因素确定，在省、自治区、直辖市内实行总量控制、动态管理，优先考虑基层人民检察院和案件数量多的人民检察院办案需要。 **检察官员额出现空缺的，应当按照程序及时补充。** **最高人民检察院检察官员额由最高人民检察院商有关部门确定。**
第二十一条第一款　检察官的级别分为十二级。	**第二十七条　检察官实行单独职务序列管理。** 检察官等级分为十二级，**依次为首席大检察官、一级大检察官、二级大检察官、一级高级检察官、二级高级检察官、三级高级检察官、四级高级检察官、一级检察官、二级检察官、三级检察官、四级检察官、五级检察官。**
第二十一条第二款　最高人民检察院检察长为首席大检察官，二至十二级检察官分为大检察官、高级检察官、检察官。	**第二十八条**　最高人民检察院检察长为首席大检察官。

第二十二条　检察官的等级的确定，以检察官所任职务、德才表现、业务水平、检察工作实绩和工作年限为依据。	**第二十九条**　检察官等级的确定，以检察官德才表现、业务水平、检察工作实绩和工作年限等为依据。 **检察官等级晋升采取按期晋升和择优选升相结合的方式，特别优秀或者工作特殊需要的一线办案岗位检察官可以特别选升。**
第二十三条　检察官的等级编制、评定和晋升办法，由国家另行规定。	**第三十条**　检察官的等级设置、确定和晋升**的具体**办法，由国家另行规定。
	第三十一条　初任检察官实行统一职前培训制度。
第二十九条　对检察官应当有计划地进行理论培训和业务培训。 检察官的培训，贯彻理论联系实际、按需施教、讲求实效的原则。	**第三十二条**　对检察官应当有计划地进行**政治**、理论和业务培训。 检察官的培训**应当**理论联系实际、按需施教、讲求实效。
第三十一条　检察官在培训期间的学习成绩和鉴定，作为其任职、晋升的依据之一。	**第三十三条**　检察官培训**情况**，作为**检察官**任职、**等级**晋升的依据之一。
第三十条　国家检察官院校和其他检察官培训机构按照有关规定承担培训检察官的任务。	**第三十四条**　检察官培训机构按照有关规定承担培训检察官的任务。
第四十二条　检察官要求辞职，应当由本人提出书面申请，依照法律规定的程序免除其职务。	**第三十五条**　检察官**申请**辞职，应当由本人书面提出，**经批准后**，依照法律规定的程序免除其职务。

第四十四条 辞退检察官应当依照法律规定的程序免除其职务。	**第三十六条** 辞退检察官应当依照法律规定的程序免除其职务。 **辞退检察官应当按照管理权限决定。辞退决定应当以书面形式通知被辞退的检察官，并列明作出决定的理由和依据。**
第二十条第一款、第二款 检察官从人民检察院离任后二年内，不得以律师身份担任诉讼代理人或者辩护人。 检察官从人民检察院离任后，不得担任原任职检察院办理案件的诉讼代理人或者辩护人。	**第三十七条** 检察官从人民检察院离任后**两**年内，不得以律师身份担任诉讼代理人或者辩护人。 检察官从人民检察院离任后，不得担任原任职检察院办理案件的诉讼代理人或者辩护人，**但是作为当事人的监护人或者近亲属代理诉讼或者进行辩护的除外。** **检察官被开除后，不得担任诉讼代理人或者辩护人，但是作为当事人的监护人或者近亲属代理诉讼或者进行辩护的除外。**
	第三十八条 检察官因工作需要，经单位选派或者批准，可以在高等学校、科研院所协助开展实践性教学、研究工作，并遵守国家有关规定。
第十六章 检察官考评委员会	**第六章 检察官的考核、奖励和惩戒**
第五十一条 人民检察院设检察官考评委员会。 检察官考评委员会的职责是指导对检察官的培训、考核、评议工作。具体办法另行规定。	**第三十九条** 人民检察院设**立**检察官考评委员会，**负责对本院检察官的考核工作。**

第五十二条 检察官考评委员会的组成人员为五至九人。 检察官考评委员会主任由本院检察长担任。	**第四十条** 检察官考评委员会的组成人员为五至九人。 检察官考评委员会主任由本院检察长担任。
第二十五条 对检察官的考核，应当客观公正，实行领导和群众相结合，平时考核和年度考核相结合。	**第四十一条** 对检察官的考核，应当**全面**、客观、公正，实行平时考核和年度考核相结合。
第二十六条 对检察官的考核内容包括：检察工作实绩，思想品德，检察业务和法学理论水平，工作态度和工作作风。重点考核检察工作实绩。	**第四十二条** 对检察官的考核内容包括：检察工作实绩、**职业道德**、**专业水平**、工作**能力**、工作作风。重点考核检察工作实绩。
第二十七条 年度考核结果分为优秀、称职、不称职三个等次。 考核结果作为对检察官奖惩、培训、免职、辞退以及调整等级和工资的依据。	**第四十三条** 年度考核结果分为优秀、称职、**基本称职和**不称职**四**个等次。 考核结果作为调整**检察官**等级、工资以及检察官奖惩、免职、**降职**、辞退的依据。
第二十八条 考核结果以书面形式通知本人。本人对考核结果如有异议，可以申请复议。	**第四十四条** 考核结果以书面形式通知**检察官**本人。**检察官**对考核结果如**果**有异议，可以申请复**核**。
第三十二条 检察官在检察工作中有显著成绩和贡献的，或者有其他突出事迹的，应当给予奖励。 对检察官的奖励，实行精神鼓励和物质鼓励相结合的原则。	**第四十五条** 检察官在检察工作中有显著成绩和贡献的，或者有其他突出事迹的，应当给予奖励。

第三十三条 检察官有下列表现之一的，应当给予奖励： （一）在检察工作中秉公执法，成绩显著的； （二）提出检察建议或者对检察工作提出改革建议被采纳，效果显著的； （三）保护国家、集体和人民利益，使其免受重大损失，事迹突出的； （四）勇于同违法犯罪行为作斗争，事迹突出的； （五）保护国家秘密和检察工作秘密，有显著成绩的； （六）有其他功绩的。	**第四十六条** 检察官有下列表现之一的，应当给予奖励： （一）公正司法，成绩显著的； （二）**总结检察实践经验成果突出，对检察工作有指导作用的；** （三）**在办理重大案件、处理突发事件和承担专项重要工作中，做出显著成绩和贡献的；** （四）对检察工作提出改革建议被采纳，效果显著的； （五）提出检察建议被采纳**或者开展法治宣传、解决各类纠纷，**效果显著的； （六）有其他功绩的。 **检察官的奖励按照有关规定办理。**
第三十五条 检察官不得有下列行为： （一）散布有损国家声誉的言论，参加非法组织，参加旨在反对国家的集会、游行、示威等活动，参加罢工； （二）贪污受贿； （三）徇私枉法； （四）刑讯逼供； （五）隐瞒证据或者伪造证据； （六）泄露国家秘密或者检察工作秘密； （七）滥用职权，侵犯自然人、法人或者其他组织的合法权益；	**第四十七条** 检察官有下列**行为之一的，应当给予处分；构成犯罪的，依法追究刑事责任：** （一）贪污受贿、徇私枉法、刑讯逼供**的；** （二）隐瞒、**伪造、变造、故意损毁**证据、**案件材料的；** （三）泄露国家秘密、检察工作秘密、**商业秘密或者个人隐私的；** （四）**故意违反法律法规办理案件的；** （五）**因重大过失导致案件错误并造成**严重后果的；

（八）玩忽职守，造成错案或者给当事人造成严重损失； （九）拖延办案，贻误工作； （十）利用职权为自己或者他人谋取私利； （十一）从事营利性的经营活动； （十三）私自会见当事人及其代理人，接受当事人及其代理人的请客送礼； （十三）其他违法乱纪的行为。	（六）拖延办案，贻误工作的； （七）利用职权为自己或者他人谋取私利的； （八）**接受当事人及其代理人利益输送，或者违反有关规定会见当事人及其代理人的；** （九）**违反有关规定**从事或者参与营利性活动，**在企业或者其他营利性组织中兼任职务的；** （十）有其他违纪违法行为的。 **检察官的处分按照有关规定办理。**
	第四十八条　检察官涉嫌违纪违法，已经被立案调查、侦查，不宜继续履行职责的，按照管理权限和规定的程序暂时停止其履行职务。
	第四十九条　最高人民检察院和省、自治区、直辖市设立检察官惩戒委员会，负责从专业角度审查认定检察官是否存在本法第四十七条第四项、第五项规定的违反检察职责的行为，提出构成故意违反职责、存在重大过失、存在一般过失或者没有违反职责等审查意见。检察官惩戒委员会提出审查意见后，人民检察院依照有关规定作出是否予以惩戒的决定，并给予相应处理。

	检察官惩戒委员会由检察官代表、其他从事法律职业的人员和有关方面代表组成，其中检察官代表不少于半数。 最高人民检察院检察官惩戒委员会、省级检察官惩戒委员会的日常工作，由相关人民检察院的内设职能部门承担。
	第五十条　检察官惩戒委员会审议惩戒事项时，当事检察官有权申请有关人员回避，有权进行陈述、举证、辩解。
	第五十一条　检察官惩戒委员会作出的审查意见应当送达当事检察官。当事检察官对审查意见有异议的，可以向惩戒委员会提出，惩戒委员会应当对异议及其理由进行审查，作出决定。
	第五十二条　检察官惩戒委员会审议惩戒事项的具体程序，由最高人民检察院商有关部门确定。
	第七章　检察官的职业保障
	第五十三条　人民检察院设立检察官权益保障委员会，维护检察官合法权益，保障检察官依法履行职责。

	第五十四条　除下列情形外，不得将检察官调离检察业务岗位： （一）按规定需要任职回避的； （二）按规定实行任职交流的； （三）因机构调整、撤销、合并或者缩减编制员额需要调整工作的； （四）因违纪违法不适合在检察业务岗位工作的； （五）法律规定的其他情形。
	第五十五条　任何单位或者个人不得要求检察官从事超出法定职责范围的事务。 对任何干涉检察官办理案件的行为，检察官有权拒绝并予以全面如实记录和报告；有违纪违法情形的，由有关机关根据情节轻重追究有关责任人员、行为人的责任。
	第五十六条　检察官的职业尊严和人身安全受法律保护。 任何单位和个人不得对检察官及其近亲属打击报复。 对检察官及其近亲属实施报复陷害、侮辱诽谤、暴力侵害、威胁恐吓、滋事骚扰等违法犯罪行为的，应当依法从严惩治。

	第五十七条 检察官因依法履行职责遭受不实举报、诬告陷害、侮辱诽谤，致使名誉受到损害的，人民检察院应当会同有关部门及时澄清事实，消除不良影响，并依法追究相关单位或者个人的责任。
	第五十八条 检察官因依法履行职责，本人及其近亲属人身安全面临危险的，人民检察院、公安机关应当对检察官及其近亲属采取人身保护、禁止特定人员接触等必要保护措施。
第三十九条 检察官的工资制度和工资标准，根据检察工作特点，由国家规定。	**第五十九条** 检察官实行与其职责相适应的工资制度，按照检察官等级享有国家规定的工资待遇，并建立与公务员工资同步调整机制。 检察官的工资制度，根据检察工作特点，由国家另行规定。
第四十条 检察官实行定期增资制度。经考核确定为优秀、称职的，可以按照规定晋升工资；有特殊贡献的，可以按照规定提前晋升工资。	**第六十条** 检察官实行定期增资制度。 经年度考核确定为优秀、称职的，可以按照规定晋升工资档次。
第四十一条 检察官享受国家规定的检察津贴、地区津贴、其他津贴以及保险和福利待遇。	**第六十一条** 检察官享受国家规定的津贴、补贴、奖金、保险和福利待遇。

	第六十二条　检察官因公致残的，享受国家规定的伤残待遇。检察官因公牺牲、因公死亡或者病故的，其亲属享受国家规定的抚恤和优待。
第四十五条　检察官的退休制度，根据检察工作特点，由国家另行规定。	**第六十三条**　检察官的退休制度，根据检察工作特点，由国家另行规定。
第四十六条　检察官退休后，享受国家规定的养老保险金和其他待遇。	**第六十四条**　检察官退休后，享受国家规定的养老金和其他待遇。
第四十八条　对于国家机关及其工作人员侵犯本法第九条规定的检察官权利的行为，检察官有权提出控告。 行政机关、社会团体或者个人干涉检察官依法履行检察职责的，应当依法追究其责任。	**第六十五条**　对于国家机关及其工作人员侵犯本法第**十一**条规定的检察官权利的行为，检察官有权提出控告。
第五十条　对检察官处分或者处理错误的，应当及时予以纠正；造成名誉损害的，应当恢复名誉、消除影响、赔礼道歉；造成经济损失的，应当赔偿。对打击报复的直接责任人员，应当依法追究其责任。	**第六十六条**　对检察官处分或者**人事**处理错误的，应当及时予以纠正；造成名誉损害的，应当恢复名誉、消除影响、赔礼道歉；造成经济损失的，应当赔偿。对打击报复的直接责任人员，应当依法追究其责任。
第十七章　附　　则	**第八章　附　　则**
第五十四条　国家对初任检察官实行统一法律职业资格考试制度，由国务院司法行政部门商	**第六十七条**　国家对初任检察官实行统一法律职业资格考试制度，由国务院司法行政部门商

最高人民检察院等有关部门组织实施。	最高人民检察院等有关部门组织实施。
	第六十八条　人民检察院的检察官助理在检察官指导下负责审查案件材料、草拟法律文书等检察辅助事务。 **人民检察院应当加强检察官助理队伍建设，为检察官遴选储备人才。**
	第六十九条　有关检察官的权利、义务和管理制度，本法已有规定的，适用本法的规定；本法未作规定的，适用公务员管理的相关法律法规。
第五十六条　本法自1995年7月1日起施行。	**第七十条**　本法自**2019**年**10**月1日起施行。